Impressum
Verlag: BABADADA GmbH, Nedderfeld 112 , 22529 Hamburg
Geschäftsführer / Verlagsleitung: Harald Hof
Druck: Books on Demand GmbH, In de Tarpen 42, 22848 Norderstedt

Imprint
Publisher: BABADADA GmbH, Nedderfeld 112 , 22529 Hamburg, Germany
Managing Director / Publishing direction: Harald Hof
Print: Books on Demand GmbH, In de Tarpen 42, 22848 Norderstedt

school

sekolah

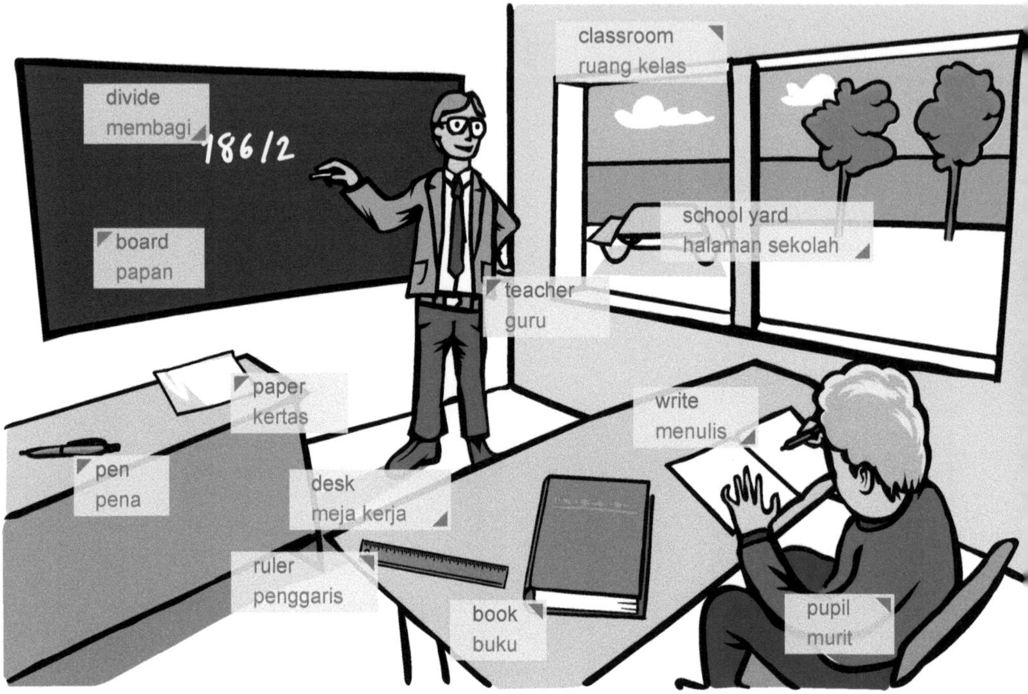

classroom
ruang kelas
divide
membagi
186/2
board
papan
school yard
halaman sekolah
teacher
guru
paper
kertas
write
menulis
pen
pena
desk
meja kerja
ruler
penggaris
book
buku
pupil
murit

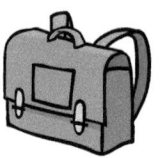

satchel

tas sekolah

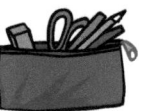

pencil case

tempat pensil

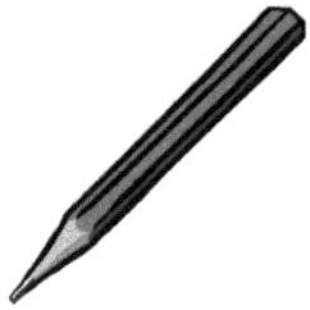

pencil

pensil

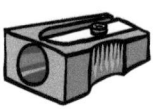

pencil sharpener

pengasah pensil

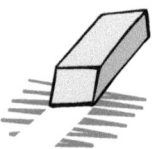

rubber

penghapus

drawing pad

kertas gambar

drawing

gambar

paintbrush

kuas

paint box

kotak cat

scissors

gunting

glue

lem

exercise book

buku latihan

homework

pekerjaan rumah

number

angka

add

tambhakan

subtract

mengurangi

multiply

mengalikan

calculate

menghitung

letter

huruf

alphabet

alfabet

word

kata

text
teks

read
membaca

chalk
kapur

lesson
pelajaran

register
daftar

exam
ujian

certificate
sertifikat

school uniform
seragam sekolah

education
pendidikan

encyclopedia
ensiklopedi

university
universitas

microscope
mikroskop

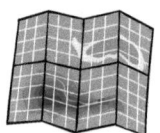

map
peta

waste-paper basket
tempat sampah

school - sekolah

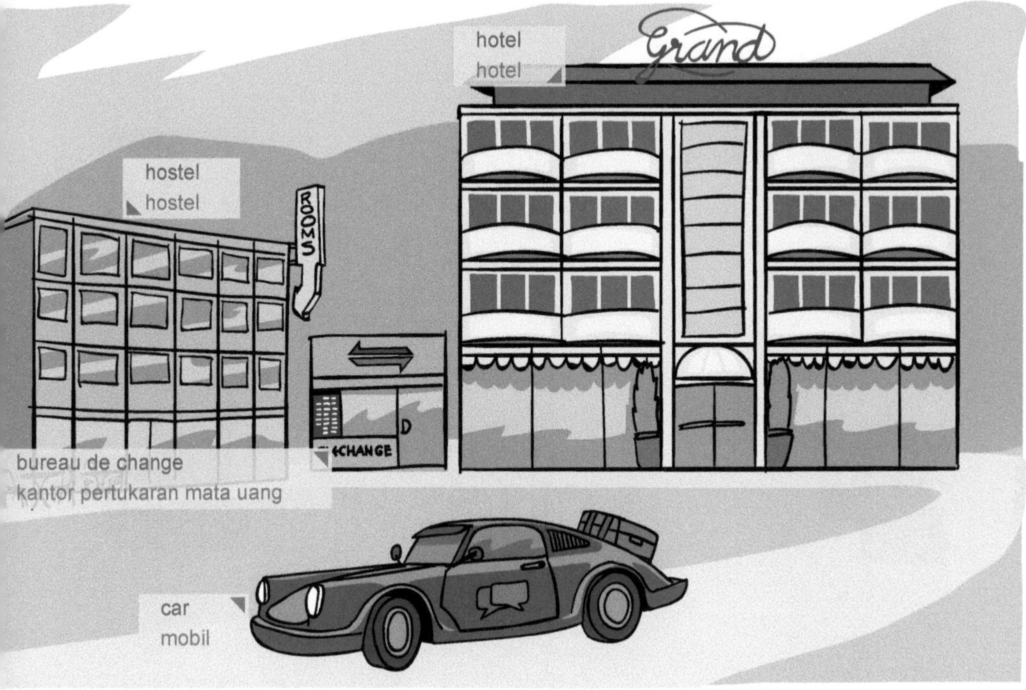

hotel
hotel
Grand
hostel
hostel
ROOMS
EXCHANGE
bureau de change
kantor pertukaran mata uang
car
mobil

language
bahasa

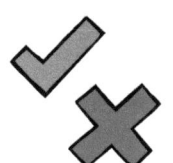

yes / no
ya / tidak

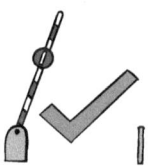

Okay
okay

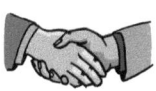

hello
hallo

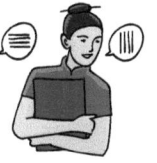

translator
penerjemah

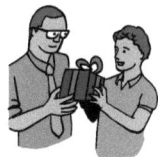

Thank you
terima kasih

how much is...?

Berapa harganya...?

I do not understand

saya tidak mengerti

problem

masalah

Good evening!

Selamat malam!

Good morning!

Selamat siang!

Good night!

Selamat tidur!

bye bye

sampai jumpa

direction

arah

luggage

bagasi

bag

tas

backpack

ransel

guest

tamu

room

ruang

sleeping bag

kantong tidur

tent

tenda

tourist information

informasi wisata

beach

pantai

credit card

kartu kredit

breakfast

sarapan

lunch

makan siang

dinner

makan malam

ticket

tiket

lift

elevator

stamp

perangko

border

perbatasan

customs

cukai

embassy

kedutaan

visa

visa

passport

paspor

transport

transportasi

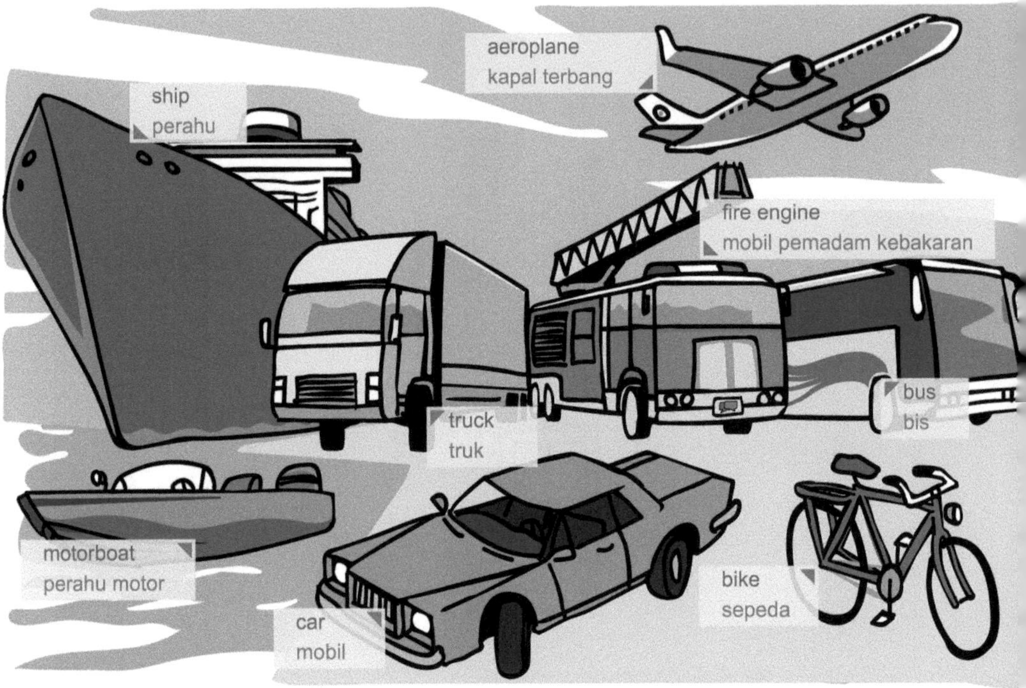
aeroplane
kapal terbang
ship
perahu
fire engine
mobil pemadam kebakaran
truck
truk
bus
bis
motorboat
perahu motor
bike
sepeda
car
mobil

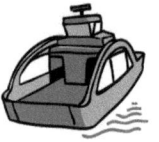

ferry

feri

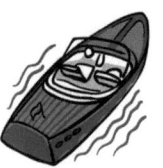

boat

perahu

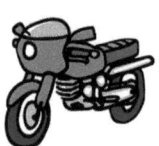

motorbike

sepeda motor

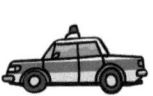

police car

mobil polisi

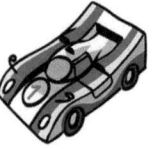

racing car

mobil balapan

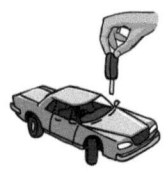

rental car

mobil sewa

car sharing

berbagi mobil

breakdown truck

truk derek

refuse truck

truk sampah

motor

motor

fuel

bahan bakar

petrol station

bensin

traffic sign

tanda lalulintas

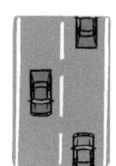

traffic

lalulintas

traffic jam

macet

car park

parkir mobil

train station

stasiun kereta

tracks

trek

train

kereta api

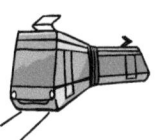

tram

tram

carriage

gerobak

helicopter

helikopter

airport

bendara

tower

menara

passenger

penumpang

container

container

carton

karton

cart

troli

basket

keranjang

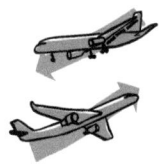

take off / land

berangkat / mendarat

city

kota

village

desa

city centre

pusat kota

house

rumah

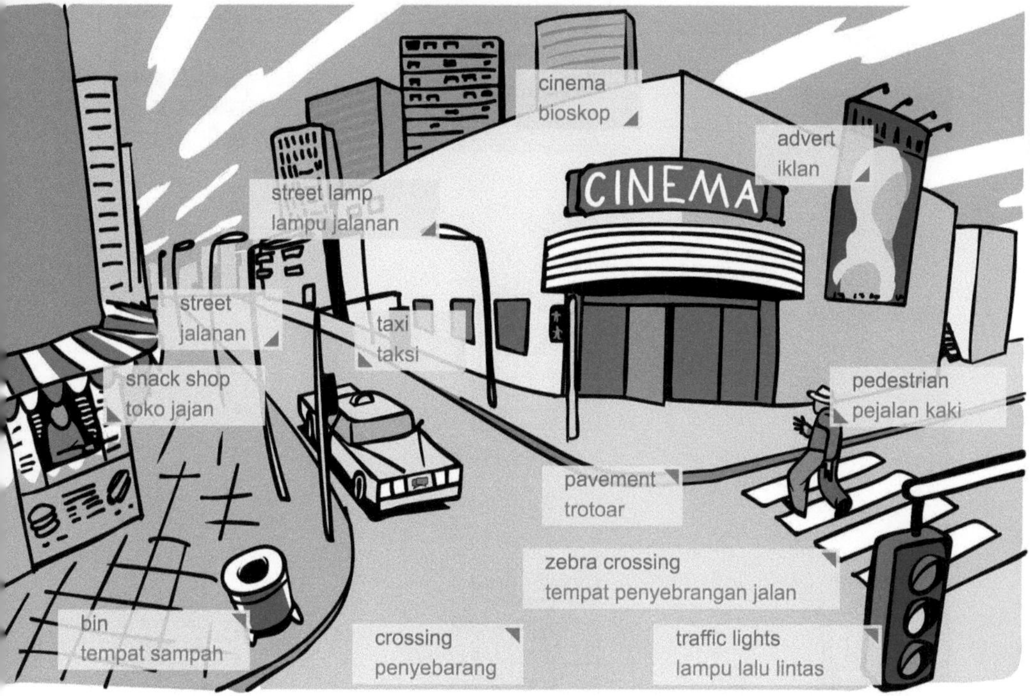

cinema
bioskop

advert
iklan

street lamp
lampu jalanan

CINEMA

street
jalanan

taxi
taksi

snack shop
toko jajan

pedestrian
pejalan kaki

pavement
trotoar

zebra crossing
tempat penyebrangan jalan

bin
tempat sampah

crossing
penyebarang

traffic lights
lampu lalu lintas

hut

gubuk

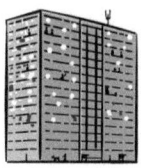

flat

rumah flat

train station

stasiun kereta

town hall

balai kota

museum

museum

school

sekolah

university

universitas

bank

bank

hospital

rumah sakit

hotel

hotel

pharmacy

farmasi

office

kantor

book shop

toko buku

shop

toko

florist's

toko bunga

supermarket

supermarket

market

pasar

department store

toko serba ada

fishmonger's

nelayan

shopping centre

pusat belanja

harbour

pelabuhan

park

taman

bench

banku

bridge

jembatan

stairs

tangga

underground

kereta bawah tanah

tunnel

terowongan

bus stop

pemberhantian bis

bar

bar

restaurant

restauran

postbox

kotak surat

street sign

tanda jalan

parking meter

meteran parkir

zoo

kebun binatang

swimming pool

kolam renang

mosque

mesjid

farm

pertanian

pollution

polusi

graveyard

kuburan

church

gereja

playground

tempat bermain

temple

pura

landscape

pemandangan

signpost
penunjuk arah

way
jalanan

meadow
padang rumput

stone
batu

tree
pohon

hiker
pejalak kaki

river
sungai

grass
rumput

flower
bunga

valley

lembah

hill

bukit

lake

danau

forest

hutan

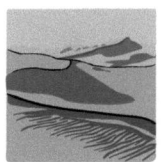

desert

padang gurun

volcano

gunung berapi

castle

istana

rainbow

pelangi

mushroom

jamur

palm tree

pohon palem

mosquito

nyamuk

fly

lalat

ant

semut

bee

lebah

spider

laba-laba

landscape - pemandangan

beetle

kumbang

frog

kodok

squirrel

tupai

hedgehog

landak

hare

kelinci

owl

burung hantu

bird

burung

swan

angsa

boar

babi jantan

deer

rusa

moose

rusa

dam

bendungan

wind turbine

turbin angin

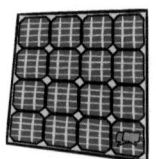

solar panel

panel surya

climate

iklim

restaurant
restauran

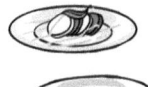

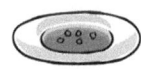

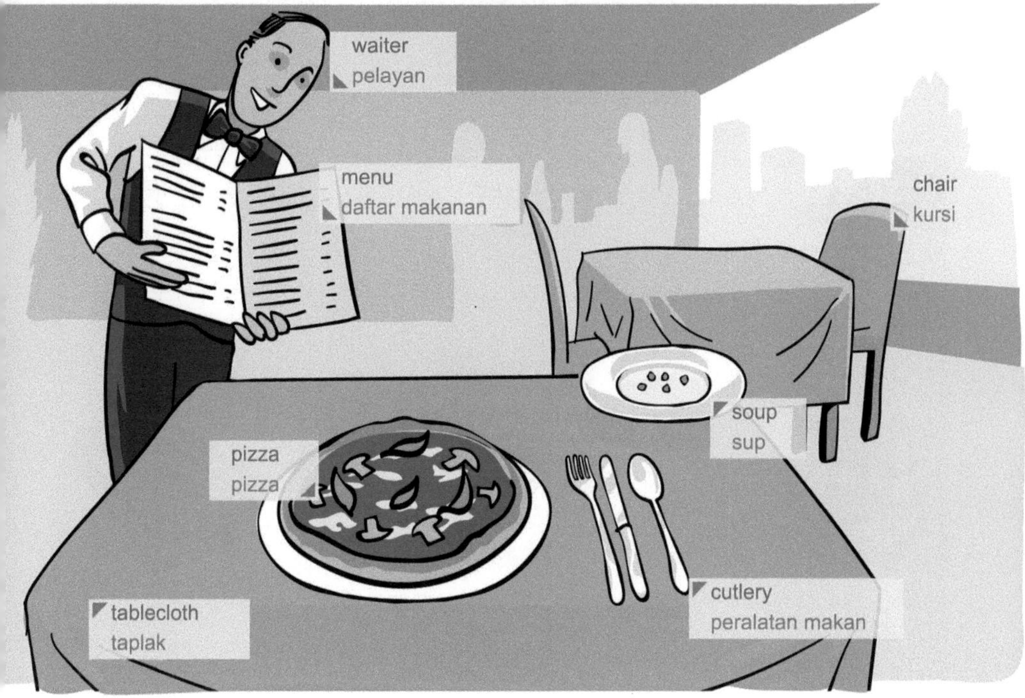
waiter
pelayan
menu
daftar makanan
chair
kursi
soup
sup
pizza
pizza
cutlery
peralatan makan
tablecloth
taplak

starter

hindangan pembuka

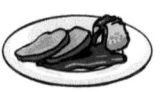

main course

hidangan utama

dessert

hidangan penutup

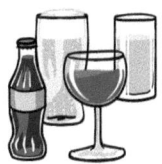

drinks

minuman

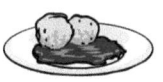

food

makanan

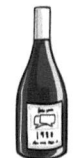

bottle

botol

fast food

fastfood

street food

masakan jalanan

teapot

teko teh

sugar bowl

kaleng gula

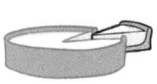

portion

porsi

espresso machine

mesin espresso

high chair

kursi tinggi

bill

tagihan

tray

baki

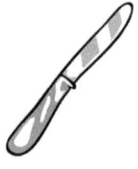

knife

pisau

fork

garpu

spoon

sendok

teaspoon

sendok teh

serviette

serbet

glass

gelas

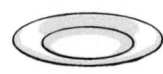

plate

piring

soup plate

piring sup

saucer

lepek

sauce

saus

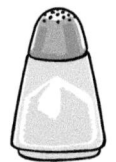

salt pot

tempat garam

pepper mill

gilingan merica

vinegar

cuka

oil

minyak

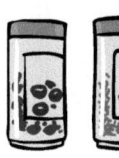

spices

bumbu

ketchup

saus tomat

mustard

mustar

mayonnaise

mayones

supermarket

supermarket

special offer
penawaran khusus
FOR
customer
klien
dairy
produk susu
trolley
troli
fruit
buah

BUTCHERS

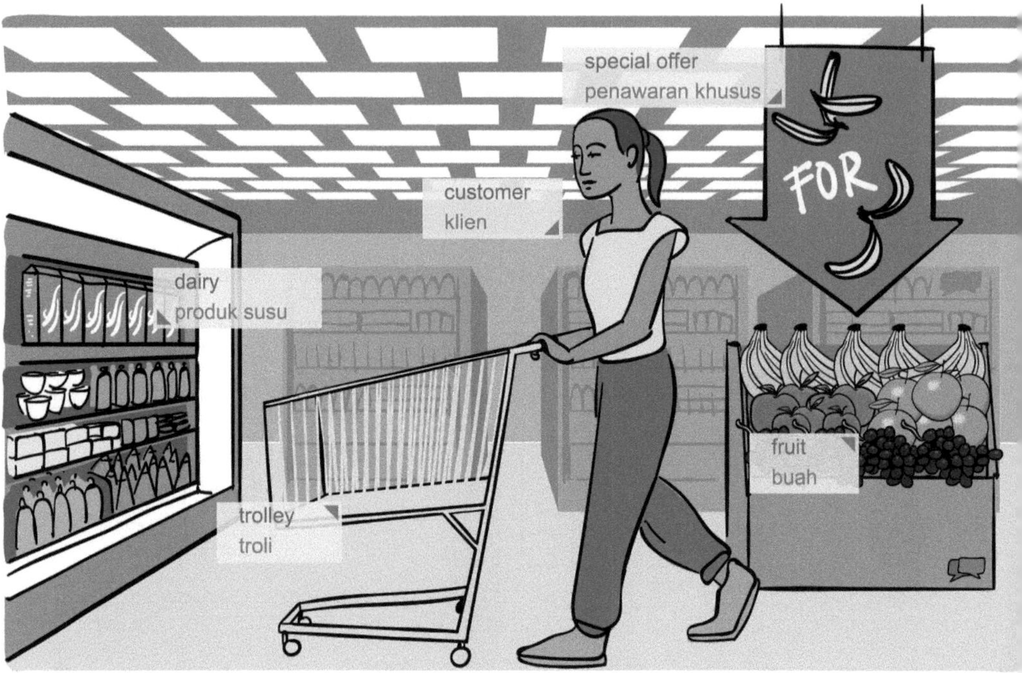

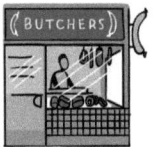

butcher´s

pembantai

BAKERY

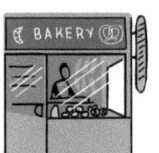

baker´s

toko roti

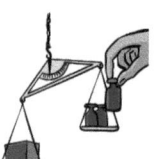

weigh

menimbang

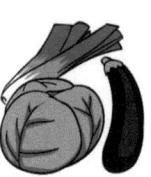

vegetables

sayur

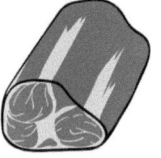

meat

daging

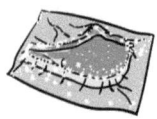

frozen food

makanan beku

cold meat

pemotongan dingin

tinned food

makanan kaleng

washing powder

sabun serbuk

sweets

permen

household products

alat-alat rumah tangga

cleaning products

obat pembersihan

salesperson

penjual

till

kasa

cashier

kasir

shopping list

daftar belanja

opening hours

jam buka

wallet

dompet

credit card

kartu kredit

bag

tas

plastic bag

kantong plastik

drinks
minuman

water
air

juice
jus

milk
susu

coke
cola

wine
anggur

beer
bir

alcohol
alkohol

cocoa
coklat

tea
teh

coffee
kopi

espresso
espresso

cappuccino
cappucino

banana

pisang

apple

apel

orange

jeruk

melon

semangka

lemon

jeruk lemon

carrot

wortel

garlic

bawang putih

bamboo

bambu

onion

bawang bombai

mushroom

jamur

nuts

kacang

noodles

mi

spaghetti

spagetti

rice

nasi

salad

salat

chips

kentang goreng

fried potatoes

kentang goreng

pizza

pizza

hamburger

hamburger

sandwich

sandwich

cutlet

sayatan

ham

ham

salami

salami

sausage

sosis

chicken

ayam

roast

menggoreng

fish

ikan

porridge oats

bubur gandum

muesli

sereal

cornflakes

cornflakes

flour

tepung

croissant

croissant

bread roll

roti

bread

roti

toast

toast

biscuits

biskuit

butter

mentega

curd

dadih

cake

kue

egg

telur

fried egg

telur goreng

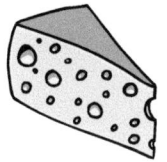

cheese

keju

ice cream

eskrim

sugar

gula

honey

madu

jam

selai

chocolate spread

krim nugat

curry

kare

farm

pertanian

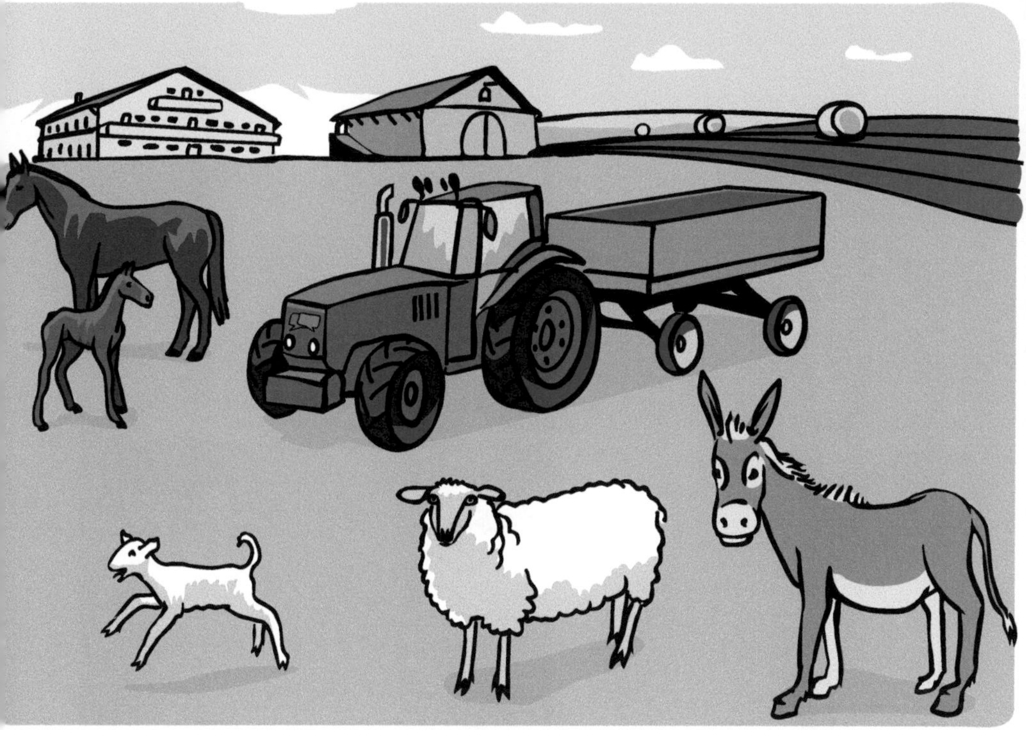

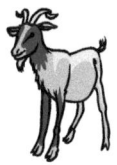

goat

kambing

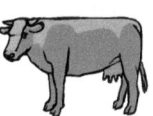

cow

sapi

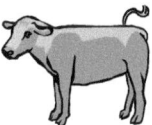

calf

betis

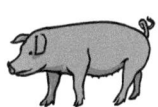

pig

babi

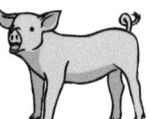

piglet

celeng

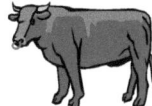

bull

banteng

goose

angsa

duck

bebek

chick

anak ayam

hen

ayam

cock

ayam jantan

rat

tikus

cat

kucing

mouse

tikus

ox

lembu

dog

anjing

doghouse

rumah anjing

garden hose

selang

watering can

penyiram

scythe

sabit

plough

bajak

sickle

sabit

hoe

cangkul

pitchfork

garpu rumput

axe

kapak

wheelbarrow

gerobak

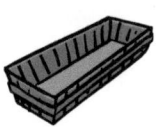

trough

palung

milk can

kaleng susu

sack

karung

fence

pagar

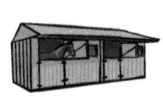

stable

kandang

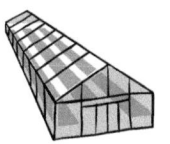

greenhouse

rumah kaca

soil

tanah

seed

benih

fertilizer

pupuk

combine harvester

mesin pemanen

harvest

panen

harvest

panen

yams

yams

wheat

gandum

soy

kedelai

potato

kentang

corn

jagung

rapeseed

lobak

fruit tree

pohon buah

cassava

singkong

cereals

sereal

house
rumah

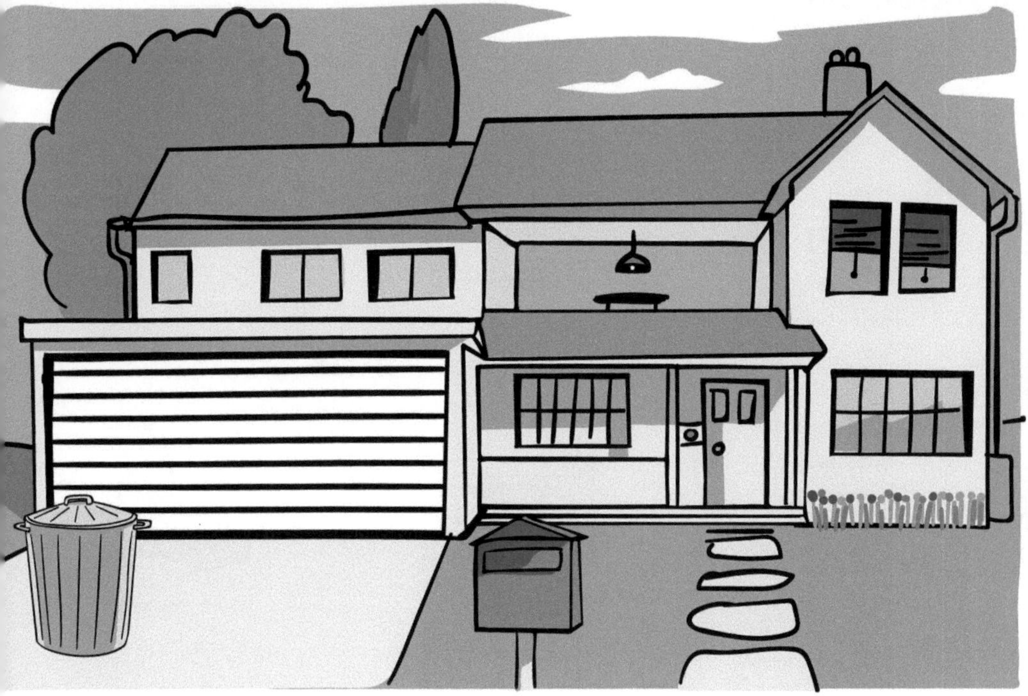

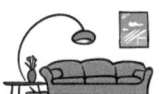

living room
ruang tamu

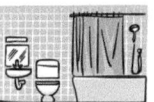

bathroom
kamar mandi

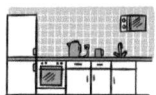

kitchen
dapur

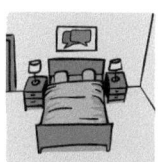

bedroom
kamar tidur

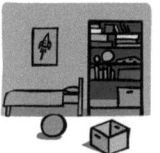

child's room
kamar anak

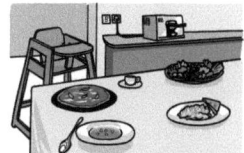

dining room
kamar makan

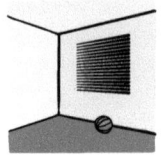

floor

lantai

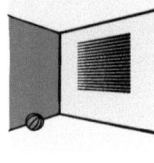

wall

tembok

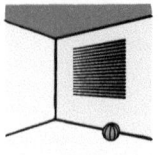

ceiling

atap

cellar

gudang di bawah tanah

sauna

sauna

balcony

balkon

terrace

teras

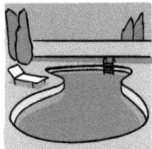

pool

kolam renang

lawn mower

mesin pemotong rumput

sheet

sprei

bedspread

selimut

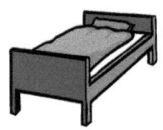

bed

tempat tidur

broom

sapu

bucket

ember

switch

tombol

living room
ruang tamu

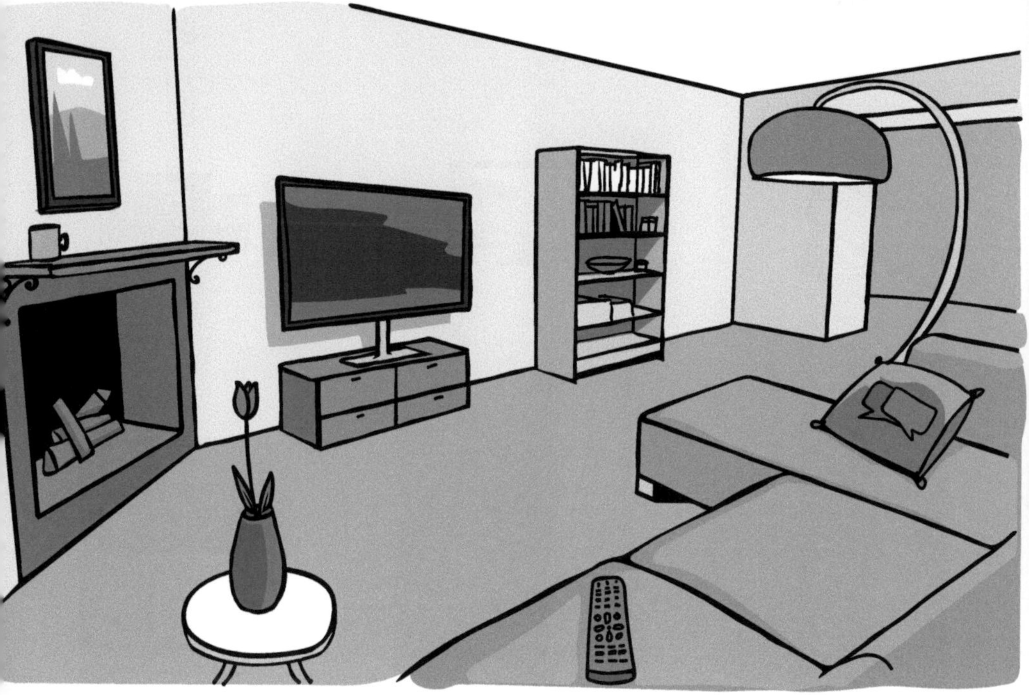

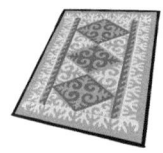

carpet

karpet

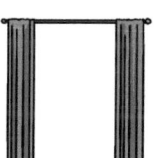

curtain

korden

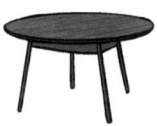

table

meja

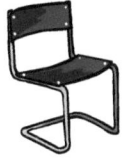

chair

kursi

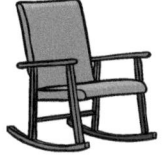

rocking chair

kursi goyang

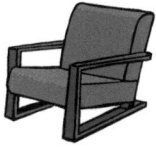

armchair

kursi malas

book
buku

blanket
selimut

decoration
dekorasi

firewood
kayu bakar

film
filem

hi-fi equipment
hi-fi

key
kunci

newspaper
koran

painting
lukisan

poster
poster

radio
radio

notepad
buku tulis

hoover
penyedot debu

cactus
kaktus

candle
lilin

kitchen
dapur

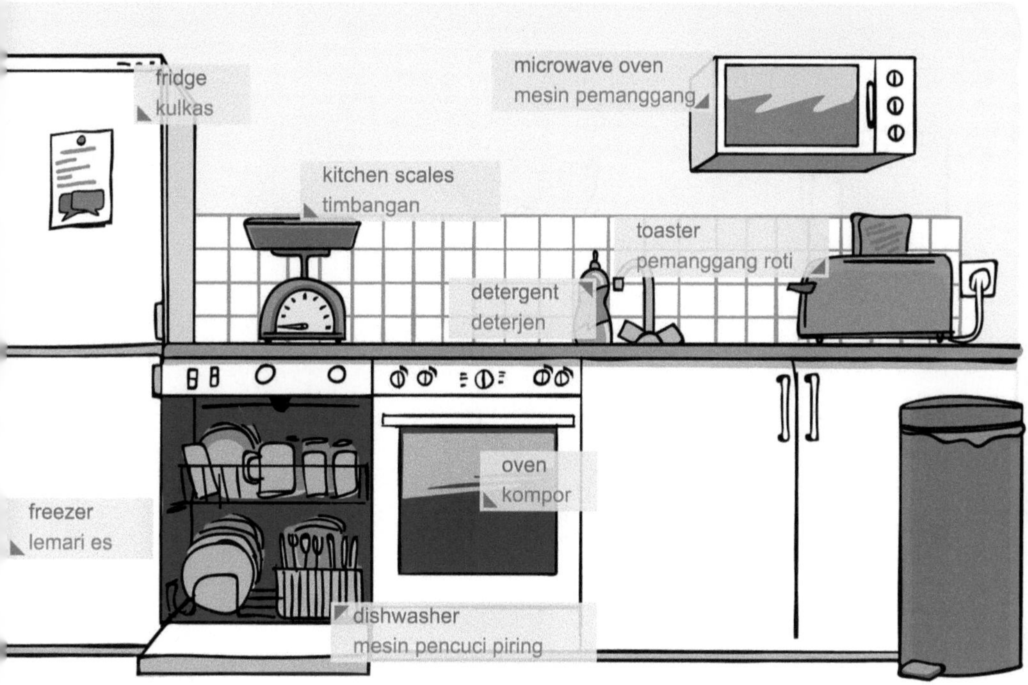

fridge
kulkas
microwave oven
mesin pemanggang
kitchen scales
timbangan
toaster
pemanggang roti
detergent
deterjen
oven
kompor
freezer
lemari es
dishwasher
mesin pencuci piring

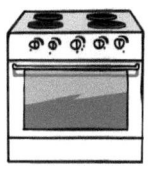

cooker

kompor

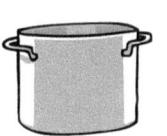

pot

panci

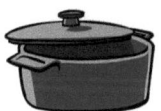

cast-iron pot

panci besi

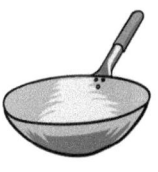

wok / kadai

wajan

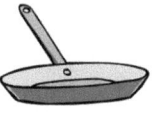

pan

panci

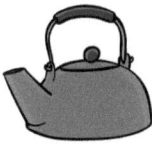

kettle

pemanas air

steamer

panci pengukus makanan

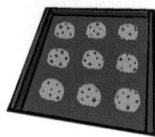

baking tray

nampan

crockery

piring

mug

cangkir

bowl

mangkok

chopsticks

sumpit

ladle

sendok sup

spatula

sudip

whisk

mengocok

strainer

saringan

sieve

saringan

grater

parutan

mortar

mortir

barbecue

barbeque

open fire

api terbuka

chopping board
papan memotong

rolling pin
gilingan

corkscrew
alat pembuka botol

can
kaleng

can opener
pembuka kaleng

pot holder
pegangan panci

sink
wastafel

brush
sikat

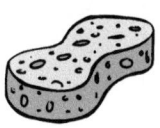

sponge
busa

blender
mesin pencampur

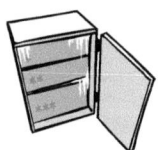

deep freezer
lemari es

baby bottle
botol bayi

tap
keran

bathroom

kamar mandi

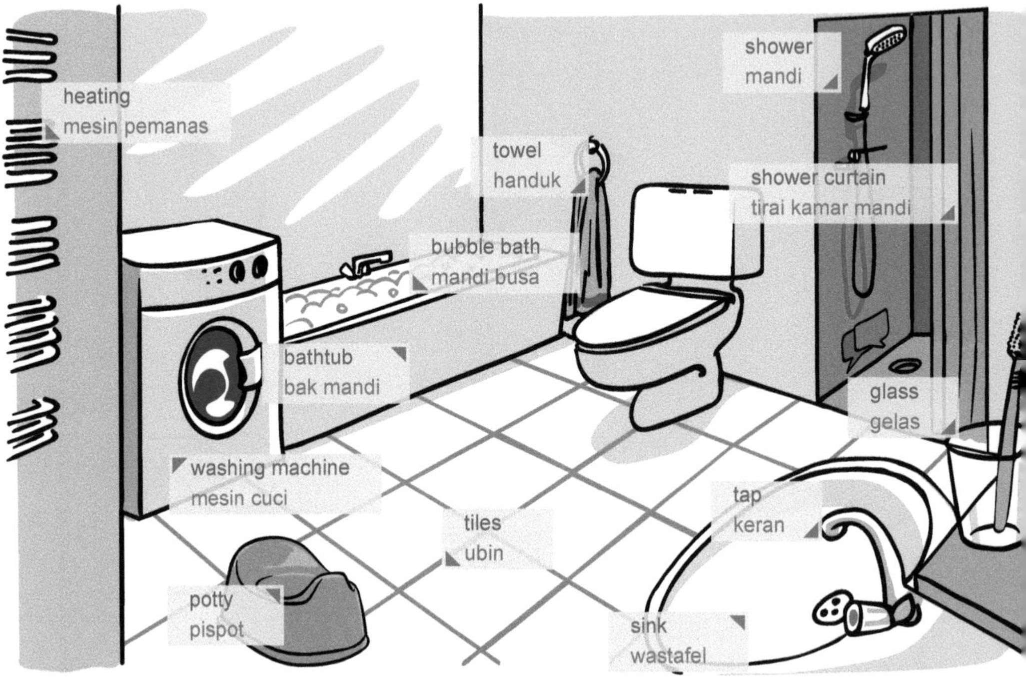
heating
mesin pemanas
towel
handuk
shower
mandi
shower curtain
tirai kamar mandi
bubble bath
mandi busa
bathtub
bak mandi
glass
gelas
washing machine
mesin cuci
tap
keran
tiles
ubin
potty
pispot
sink
wastafel

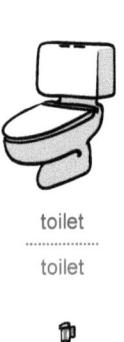

toilet

toilet

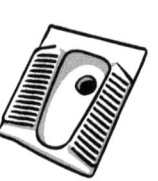

squat toilet

toilet jongkok

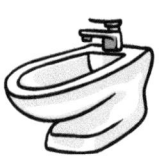

bidet

bidet

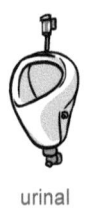

urinal

pissoir

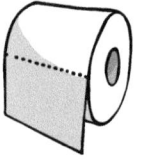

toilet paper

kertas toilet

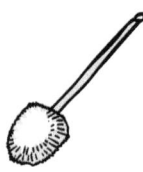

toilet brush

sikat toilet

toothbrush

sikat gigi

toothpaste

pasta gigi

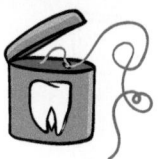

dental floss

benang gigi

wash

menyuci

handheld shower

pancuran tangan

douche

pancuran

basin

bak

back brush

sikat punggung

soap

sabun

shower gel

gel mandi

shampoo

sampo

flannel

planel

drain

kuras

cream

krim

deodorant

deodoran

mirror

kaca

hand mirror

cermin tangan

razor

pisau cukur

shaving foam

busa cukur

aftershave

aftershave

comb

sisir

brush

sikat

hair dryer

alat pengering rambut

hairspray

semprot rambut

makeup

makeup

lipstick

lipstik

nail varnish

cat kuku

cotton wool

kapas

nail scissors

gunting kuku

perfume

minyak wangi

bathroom - kamar mandi

washbag

kantong pencuci

stool

bangku

weighing scale

timbangan

bathrobe

mantel mandi

rubber gloves

sarung tangan karet

tampon

tampon

sanitary towel

handuk pembalut

chemical toilet

toilet kimia

child's room
kamar anak

alarm clock
jam alarm
cuddly toy
boneka tidur
toy car
mobil-mobilan
rattle
kelintung
doll's house
rumah boneka
present
kado

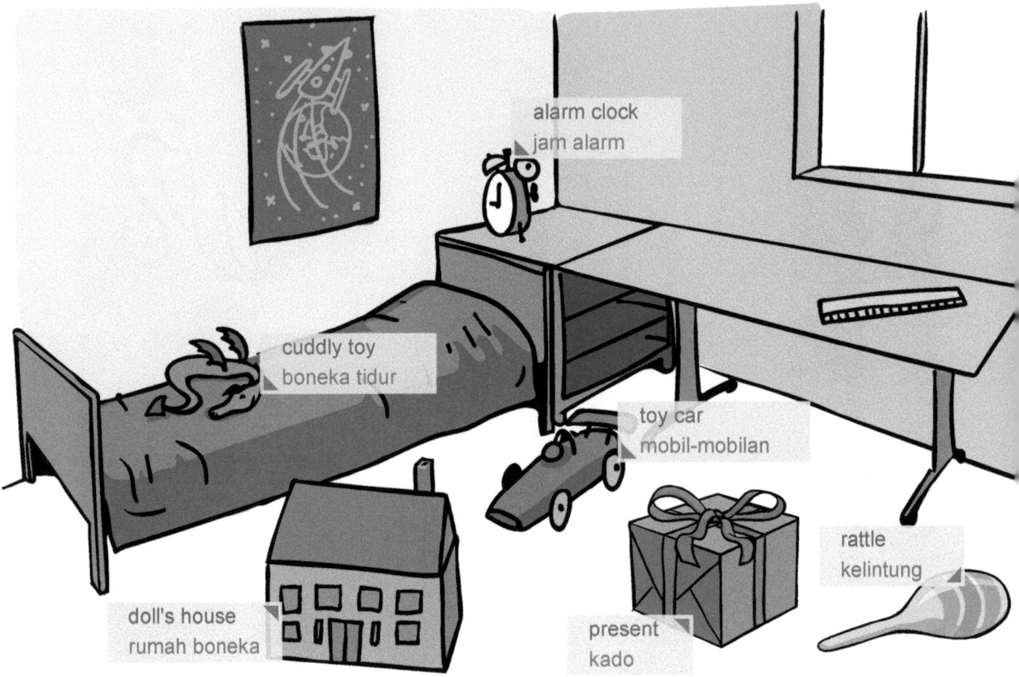

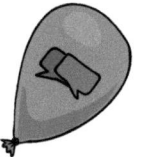

balloon
balon

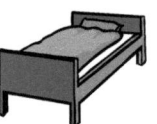

bed
tempat tidur

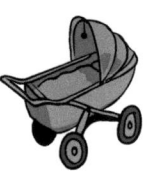

pram
kereta bayi

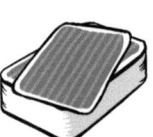

deck of cards
mainan kartu

jigsaw
teka-teki

SUPER
MEGA
comic
komik

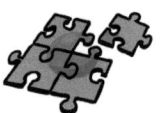

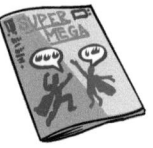

lego bricks

mainan lego

building blocks

blok mainan

action figure

figur aksi

babygrow

baju monyet

frisbee

frisbee

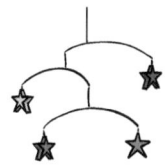

mobile

mobile

board game

permainan papan

dice

dadu

model train set

set model kreta api

dummy

dot

party

pesta

picture book

buku gambar

ball

bola

doll

boneka

play

bermain

sandpit

tempat main pasir

swing

ayunan

toys

mainan

video game console

video game konsol

tricycle

sepeda roda tiga

teddy bear

teddy

wardrobe

lemari pakaian

clothing

pakaian

socks

kaos kaki

stockings

kaos kaki

tights

baju ketat

scarf
syal

umbrella
payung

t-shirt
kaos

belt
sabuk

boots
sepatu bot

slippers
sandal

trainers
sepatu

sandals	shoes	rubber boots
sandal	sepatu	sepatu bot karet

underpants	bra	vest
celana dalam	BH	baju rompi

body

body

trousers

celana

jeans

jeans

skirt

rok

blouse

blus

shirt

kemeja

pullover

aket berkerudung

hoodie

sweater

blazer

jaket

jacket

jaket

coat

mantel

raincoat

jas hujan

costume

kostum

dress

gaun

wedding dress

gaun pengantin

suit

setelan resmi

nightgown

gaun tidur

pyjamas

piyama

sari

sari

headscarf

jilbab

turban

turban

burqa

burka

kaftan

kaftan

abaya

abaya

swimsuit

pakaian renang

trunks

celana renang

shorts

celana pendek

tracksuit

olah raga

apron

celemek

gloves

sarung tangan

button

kancing

glasses

kacamata

bracelet

gelang

necklace

kalung

ring

cincin

earring

anting

cap

topi

coat hanger

gantungan mantel

hat

topi

tie

dasi

zip

ritsleting

helmet

helm

braces

tali selempang

school uniform

seragam sekolah

uniform

seragam

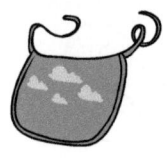

bib

oto

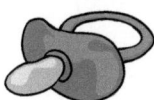

dummy

dot

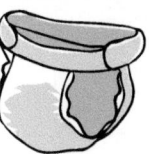

nappy

popok

office
kantor

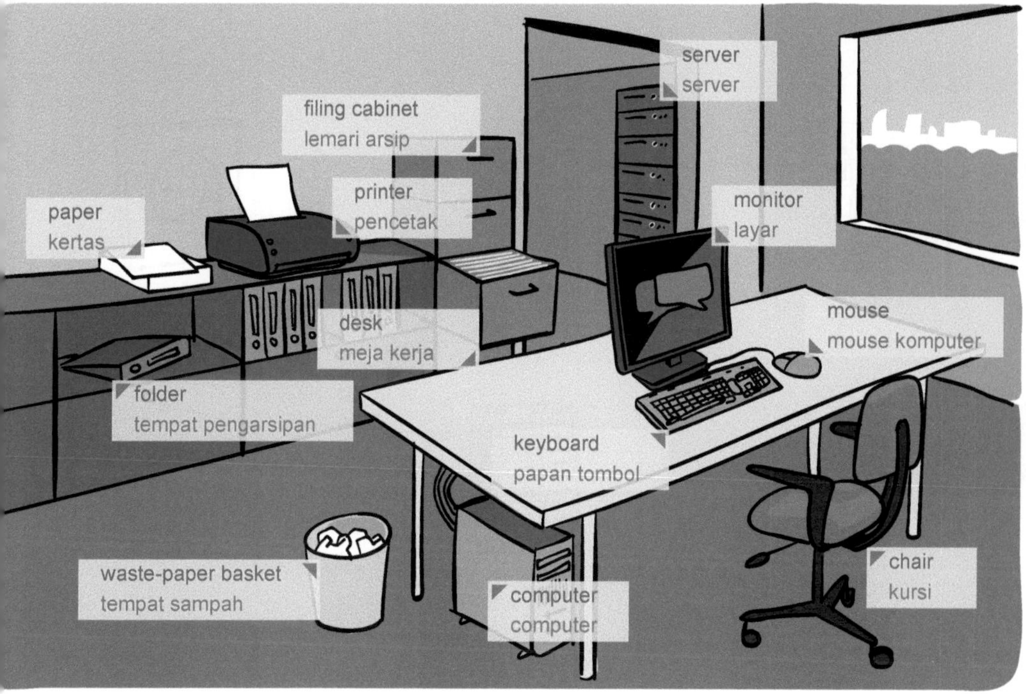

server
server
filing cabinet
lemari arsip
printer
pencetak
paper
kertas
monitor
layar
mouse
mouse komputer
desk
meja kerja
folder
tempat pengarsipan
keyboard
papan tombol
waste-paper basket
tempat sampah
chair
kursi
computer
computer

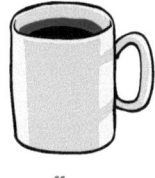

coffee mug

cangkir kopi

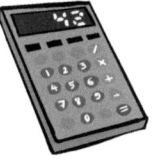

calculator

kalkulator

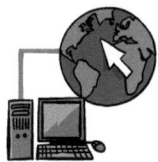

internet

internet

laptop

laptop

letter

surat

message

pesan

mobile

telepon seluler

network

jaringan

photocopier

fotokopi

software

software

telephone

telepon

plug socket

plug soket

fax machine

mesin fax

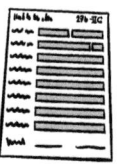

form

formulir

document

dokumen

buy

membeli

pay

membayar

trade

berdagang

money

uang

dollar

Dollar

euro

Euro

yen

Yen

rouble

Rubel

Swiss franc

Franc Swiss

renminbi yuan

Renminbi Yuan

rupee

Rupiah

cashpoint

ATM

bureau de change

kantor pertukaran mata uang

gold

emas

silver

perak

oil

minyak

energy

energi

price

harga

contract

kontrak

tax

pajak

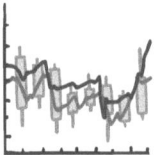

stock

saham

work

bekerja

employee

karyawan

employer

majikan

factory

pabrik

shop

toko

police officer
petugas polisi

fireman
pemadam kebakaran

cook
pemasak

doctor
dokter

pilot
pilot

gardener
tukan kebun

carpenter
tukang kayu

seamstress
penjahit wanita

judge
hakim

chemist
ahli kimia

actor
aktor

bus driver

sopir bis

taxi driver

sopir taksi

fisherman

nelayan

cleaning lady

pembantu

roofer

tukang atap

waiter

pelayan

hunter

pemburu

painter

pelukis

baker

tukang roti

electrician

tukang listrik

builder

pembangun

engineer

insinyur

butcher

tukang daging

plumber

tukang ledeng

postman

tukang pos

occupations - pekerjaan

soldier

tentara

architect

arsitek

cashier

kasir

florist

penjual bunga

hairdresser

penata rambut

conductor

konduktor

mechanic

montir

captain

kapten

dentist

dokter gigi

scientist

ilmuwan

rabbi

rabbi

imam

imam

monk

biarawan

clergyman

pendeta

tools
alat

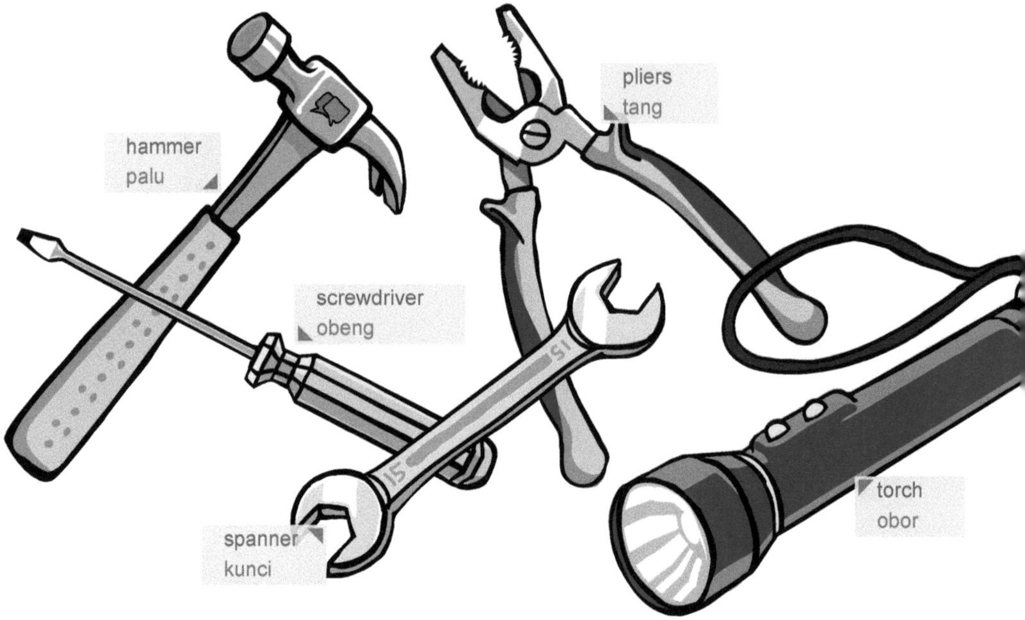
hammer
palu
pliers
tang
screwdriver
obeng
spanner
kunci
torch
obor

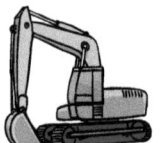

digger

penggali

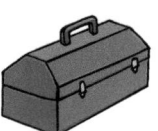

toolbox

tas perkakas

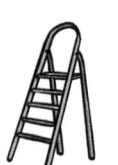

ladder

tangga

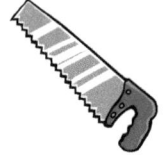

saw

gergaji

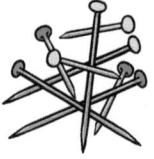

nails

paku

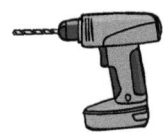

drill

bor

repair

perbaikan

shovel

sekop

Damn!

Sialan!

dustpan

cikrak

paint pot

pot cat

screws

sekrup

musical instruments
alat musik

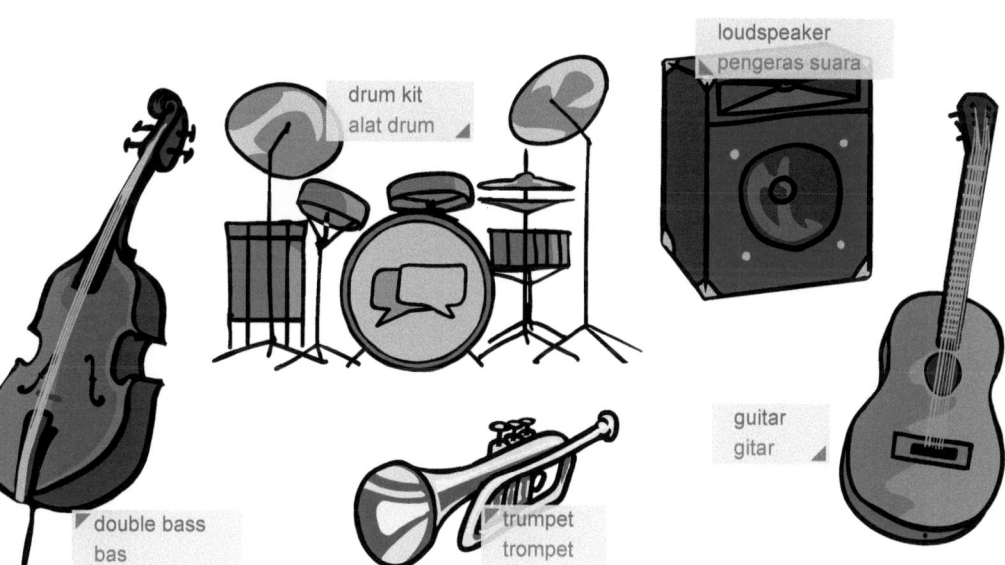

loudspeaker
pengeras suara

drum kit
alat drum

guitar
gitar

double bass
bas

trumpet
trompet

piano

piano

violin

violin

bass

bass

timpani

tambur

drums

drum

keyboard

keyboard

saxophone

saksofon

flute

suling

microphone

mikrofon

kebun binatang

entrance
pintu masuk

tiger
macan

cage
kandang

zebra
sebra

animal feed
pakan ternak

panda
panda

animals

hewan

elephant

gajah

kangaroo

kanguru

rhino

badak

gorilla

gorila

bear

beruang

camel

unta

ostrich

burung unta

lion

singa

monkey

monyet

flamingo

flamingo

parrot

burung beo

polar bear

beruang polar

penguin

penguin

shark

hiu

peacock

merak

snake

ular

crocodile

buaya

zookeeper

penjaga kebun binatang

seal

segel

jaguar

jaguar

pony

kuda poni

leopard

macan tutul

hippo

kuda nil

giraffe

jerapah

eagle

burung elang

boar

babi jantan

fish

ikan

turtle

kura-kura

walrus

anjing laut

fox

rubah

gazelle

kijang

American football
american football

cycling
naik sepeda

tennis
tennis

basketball
basketbal

swimming
bernang

boxing
tinju

ice hockey
hoki es

football
sepak bola

badminton
badminton

athletics
atletik

handball
bola tangan

skiing
main ski

polo
polo

laugh
ketawa

jump
meloncat

hug
memeluk

walk
berjalan

sing
menyanyi

dream
mengimpi

pray
berdoa

kiss
mencium

write
menulis

draw
melukis

show
menunjuk

push
mendorong

give
memberikan

take
mengambil

activities - aktivitas

have
mempunyai

do
melakukan

be
adalah

stand
berdiri

run
berlari

pull
menarik

throw
melempar

fall
jatuh

lie
tidur

wait
menunggu

carry
membawa

sit
duduk

get dressed
berpakaian

sleep
tidur

wake up
bangun

look at

melihat

cry

menangis

stroke

mengelus

comb

menyisir

talk

berbicara

understand

mengerti

ask

menanyak

listen

mendengar

drink

minum

eat

makan

tidy up

merapikan

love

cinta

cook

memasak

drive

menyetir

fly

terbang

activities - aktivitas

sail

berlayar

calculate

menghitung

read

membaca

learn

belajar

work

bekerja

marry

menikah

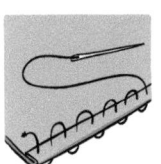

sew

menjahit

brush teeth

sikat gigi

kill

membunuh

smoke

merokok

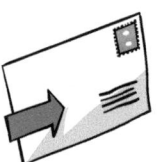

send

kirim

family
keluarga

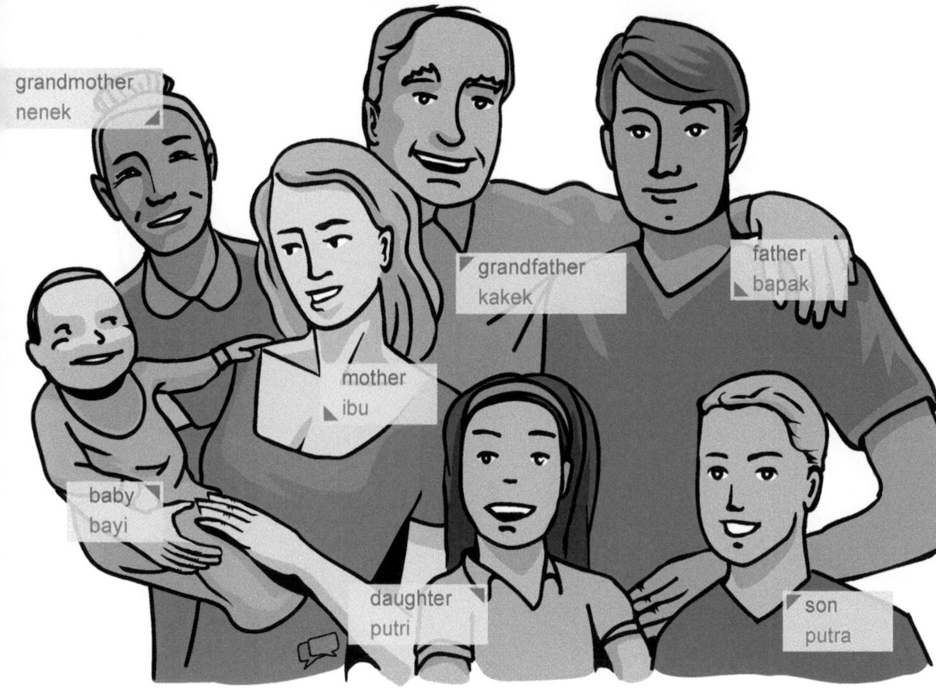
grandmother
nenek
grandfather
kakek
father
bapak
mother
ibu
baby
bayi
daughter
putri
son
putra

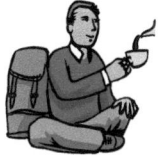

guest
tamu

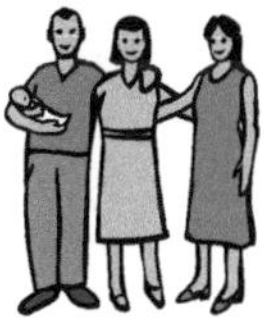

aunt
bibi

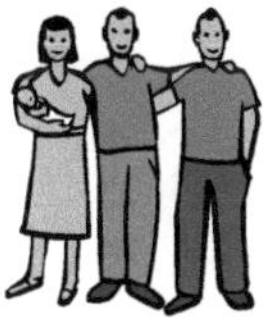

uncle
paman

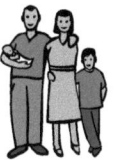

brother
kakak laki

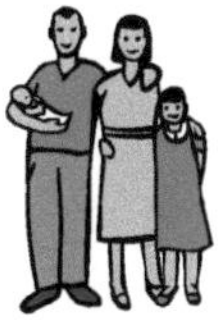

sister
kakak perempuan

body

badan

forehead
dahi
eye
mata
shoulder
bahu
finger
jari
face
muka
chin
dagu
hand
tangan
leg
kaki
breast
payudara
arm
lengan

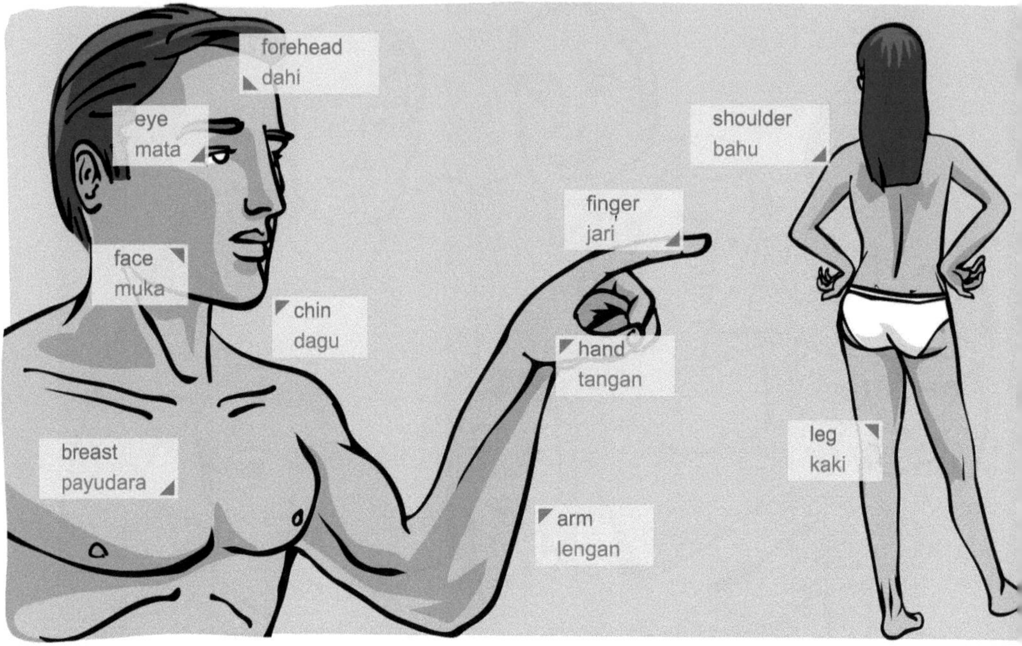

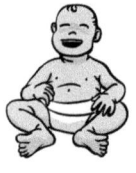

baby

bayi

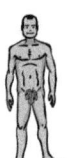

man

pria

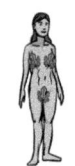

woman

wanita

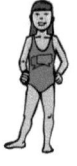

girl

perempuan

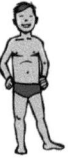

boy

laki

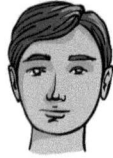

head

kepala

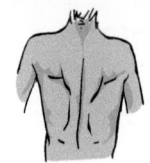

back

punggung

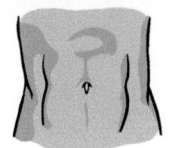

belly

perut

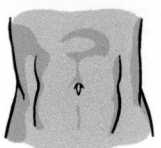

belly button

pusar

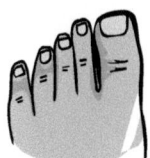

toe

toe

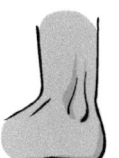

heel

tumit

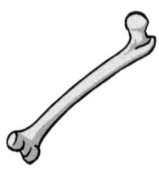

bone

tulang

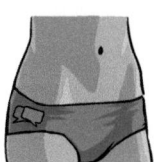

hip

pinggang

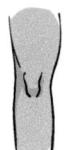

knee

lutut

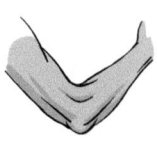

elbow

siku

nose

hidung

bottom

pantat

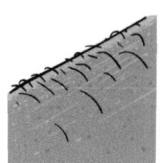

skin

kulit

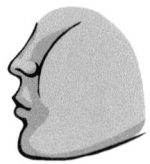

cheek

pipi

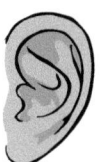

ear

telinga

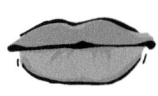

lip

bibir

body - badan

mouth

mulut

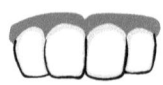

tooth

gigi

tongue

lidah

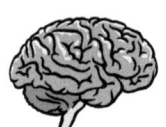

brain

otak

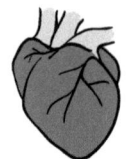

heart

jantung

muscle

otot

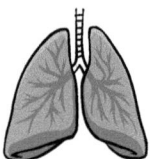

lung

paru-paru

liver

hati

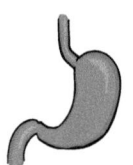

stomach

stomach

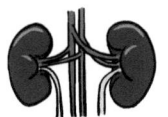

kidneys

ginjal

sex

hubungan seks

condom

kondom

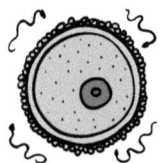

ovum

sel telur

semen

sperma

pregnancy

kehamilan

body - badan

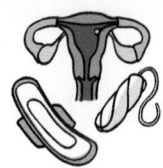

menstruation

menstruasi

vagina

vagina

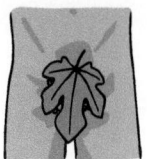

penis

penis

eyebrow

alis

hair

rambut

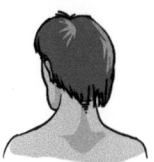

neck

leher

hospital
rumah sakit

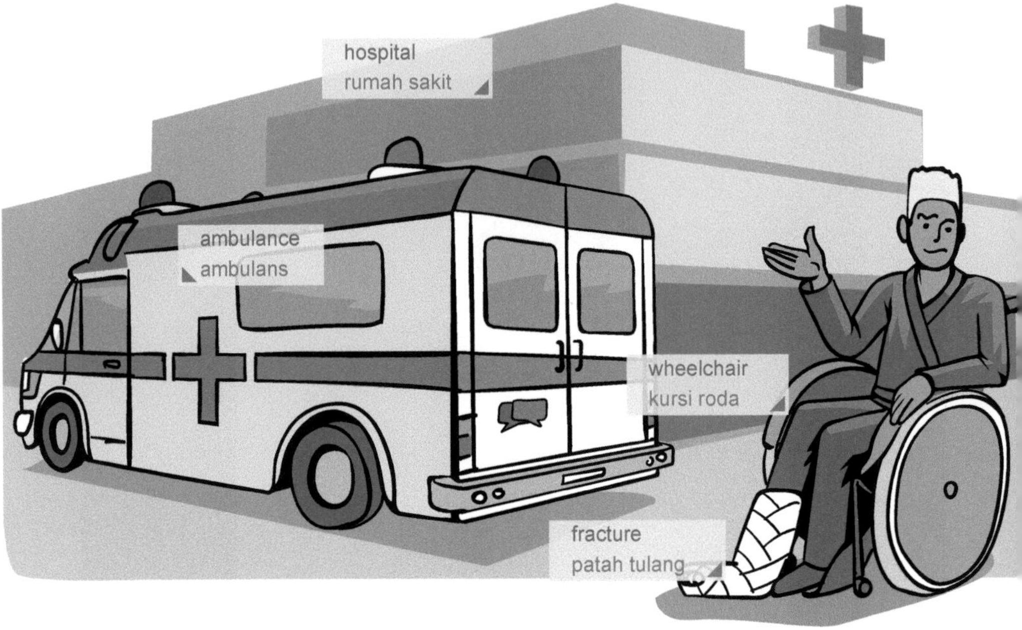

hospital
rumah sakit
ambulance
ambulans
wheelchair
kursi roda
fracture
patah tulang

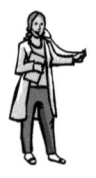

doctor

dokter

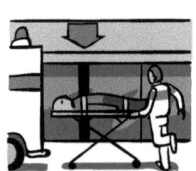

emergency room

ruang darurat

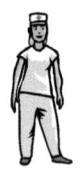

nurse

perawat

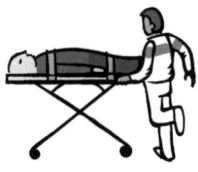

emergency

darurat

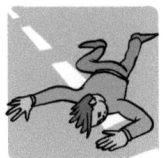

unconscious

semaput

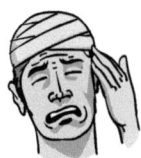

pain

sakit

injury

cedera

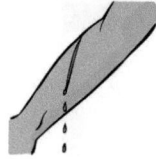

bleeding

perdarahan

heart attack

serangan jantung

stroke

stroke

allergy

alergi

cough

batuk

fever

demam

flu

flu

diarrhoea

diare

headache

sakit kepala

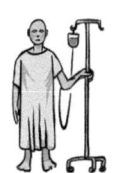

cancer

kanker

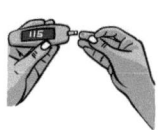

diabetes

diabetes

surgeon

ahli bedah

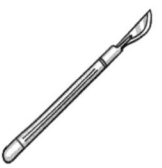

scalpel

pisau bedah

operation

operasi

CT

CT

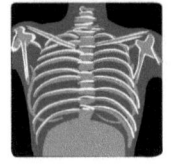

x-ray

sinar x

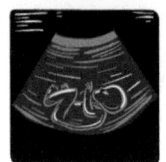

ultrasound

usg

face mask

topeng

disease

penyakit

waiting room

ruang tunggu

crutch

penyokong

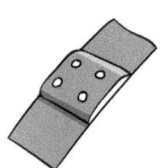

plaster

plester

bandage

perban

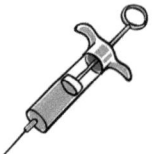

injection

injeksi

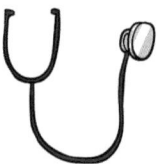

stethoscope

stetoskop

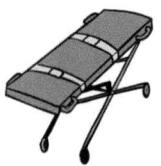

stretcher

usungan

clinical thermometer

termometer klinis

birth

kelahiran

overweight

kelebihan berat badan

hospital - rumah sakit

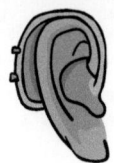

hearing aid

alat pendengar

disinfectant

desinfektan

infection

infeksi

virus

virus

HIV / AIDS

HIV / AIDS

medicine

obat

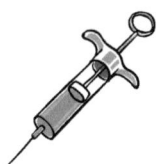

vaccination

vaksinasi

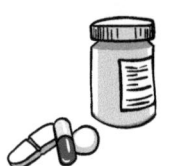

tablets

tablet

pill

pil

emergency call

panggilan darurat

blood pressure monitor

ukur tekanan darah

ill / healthy

sakit / sehat

Help!

Tolong!

alarm

alarm

assault

penyerbuan

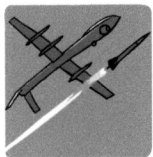

attack

serangan

danger

bahaya

emergency exit

pintu darurat

Fire!

Api!

fire extinguisher

alat pemadam kebakaran

accident

kecelakaan

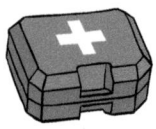

first-aid kit

kit pertolongan pertama

SOS

SOS

police

polisi

Europe

Eropa

North America

Amerika Utara

South America

Amerika Selatan

Africa

Afrika

Asia

Asia

Australia

Australi

Atlantic

Atlantik

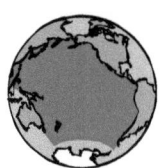

Pacific

Pasifik

Indian Ocean

Samudra India

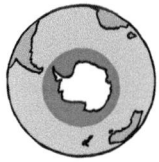

Antarctic Ocean

Samudra Antartika

Arctic Ocean

Samudra Arktik

North Pole

kutub utara

South Pole

kutub selatan

Antarctica

Antarktika

Earth

bumi

land

tanah

sea

laut

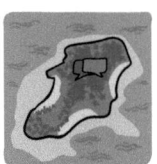

island

pulau

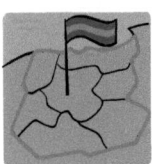

nation

bangsa

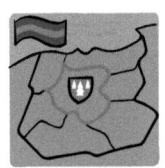

state

negara

clock face

jam wajah

hour hand

jarum pendek

minute hand

jarum menit

second hand

jarum detik

What time is it?

Jam berapa?

day

hari

time

waktu

now

sekarang

digital watch

jam digital

minute

menit

hour

jam

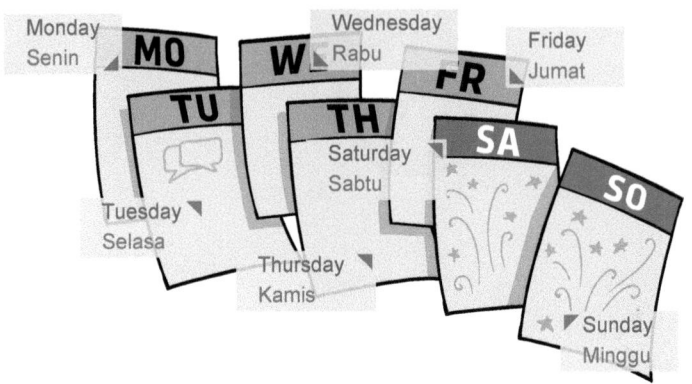

Monday
Senin
Tuesday
Selasa
Wednesday
Rabu
Thursday
Kamis
Friday
Jumat
Saturday
Sabtu
Sunday
Minggu

yesterday

kemaren

today

hari ini

tomorrow

besok

morning

pagi

noon

siang

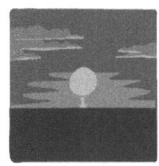

evening

malam

business days

hari kerja

weekend

akhir minggu

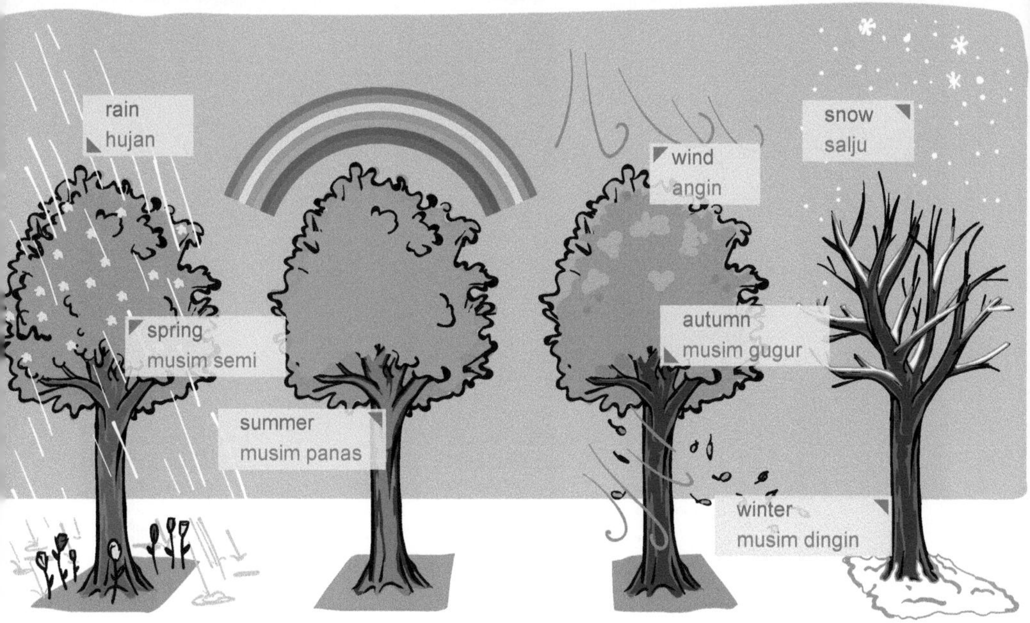

rain
hujan
snow
salju
wind
angin
spring
musim semi
autumn
musim gugur
summer
musim panas
winter
musim dingin

4.APRIL 11°
5.APRIL 4°
6.APRIL 13°
7.APRIL 8°
8.APRIL 10°

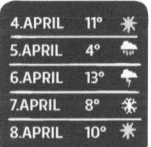

weather forecast

ramalan cuaca

F C
120 40
90 30
60 20
30 10
0 0
-30 -10
-20

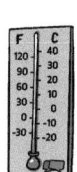

thermometer

termometer

sunshine

matahari

cloud

awan

fog

kabut

humidity

kelembahan

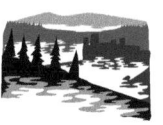

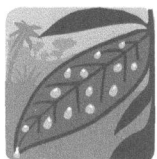

lightning

kilat

thunder

guntur

storm

badai

hail

hujan es

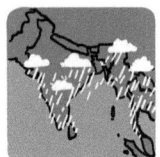

monsoon

monsun

flood

banjir

ice

es

January

Januari

February

Februari

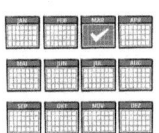

March

Maret

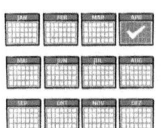

April

April

May

Mei

June

Juni

July

Juli

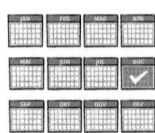

August

Agustus

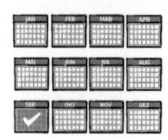

September
September

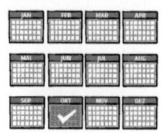

October
Oktober

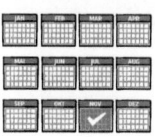

November
November

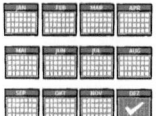

December
Desember

shapes
bentuk

circle
lingkaran

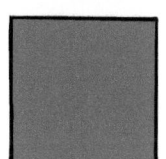

square
persegi

rectangle
persegi panjang

triangle
segi tiga

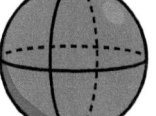

sphere
bola

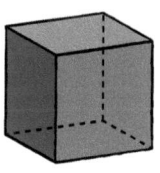

cube
kubus

colours

warna-warna

white

putih

yellow

kuning

orange

oranye

pink

pink

red

merah

purple

ungu

blue

biru

green

hijau

brown

coklat

grey

abu-abu

black

hitam

a lot / a little

banyak / sedikit

angry / calm

marah / tenang

beautiful / ugly

cantik / jelek

beginning / end

mulaih / selesai

big / small

besar / kecil

bright / dark

terang / gelap

brother / sister

saudara laki-laki / saudara perempuan

clean / dirty

bersih / kotor

complete / incomplete

lengkap / tidak lengkap

day / night

hari / malam

dead / alive

mati / hidup

wide / narrow

luas / sempit

edible / inedible

dapat dimakan / tidak dapat dimakan

evil / kind

jahat / baik

excited / bored

bersemangat / bosan

fat / thin

gemuk / kurus

first / last

pertama / terakhir

friend / enemy

teman / musuh

full / empty

penuh / kosong

hard / soft

keras / lembut

heavy / light

berat / enteng

hunger / thirst

lapar / haus

ill / healthy

sakit / sehat

illegal / legal

ilegal / legal

intelligent / stupid

cerdas / bodoh

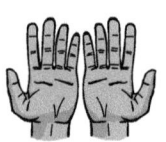

left / right

kiri / kanan

near / far

dekat / jauh

new / used

baru / bekas

nothing / something

tidak ada apapun / sesuatu

old / young

tua / muda

on / off

nyala / mati

open / closed

buka / tutup

quiet / loud

tenang / keras

rich / poor

kaya / miskin

right / wrong

benar / salah

rough / smooth

kasar / halus

sad / happy

sedih / gembira

short / long

pendek / panjang

slow / fast

pelan-pelan / cepat

wet / dry

basah / kering

warm / cool

hangat / sejuk

war / peace

perang / damai

opposites - berlawanan

0

zero

nol

1

one

satu

2

two

dua

3

three

tiga

4

four

empat

5

five

lima

6

six

enam

7

seven

tujuh

8

eight

delapan

9

nine

sembilan

10

ten

sepuluh

11

eleven

sebelas

12
twelve

duabelas

13
thirteen

tigabelas

14
fourteen

empatbelas

15
fifteen

limabelas

16
sixteen

enambelas

17
seventeen

tujuhbelas

18
eighteen

delapanbelas

19
nineteen

sembilanbelas

20
twenty

duapuluh

100
hundred

seratus

1.000
thousand

seribu

1.000.000
million

juta

English

Inggris

American English

bahasa Inggris Amerika

Chinese Mandarin

bahasa Cina Mandarin

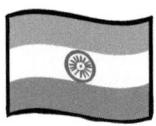

Hindi

bahasa Hindi

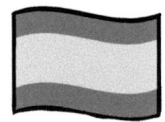

Spanish

bahasa Spanyol

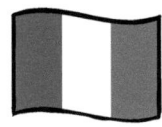

French

bahasa Perancis

Arabic

bahasa Arab

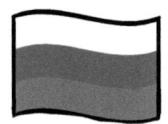

Russian

bahasa Rusia

Portuguese

bahasa Portugis

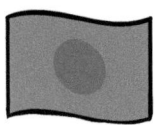

Bengali

bahasa Bengal

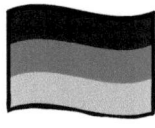

German

bahasa Jerman

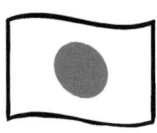

Japanese

bahasa Jepang

I

saya

you

kamu

he / she / it

dia

we

kita

you

kalian

they

mereka

who?

siapa?

what?

apa?

how?

begaimana?

where?

dimana?

when?

kapan?

name

nama

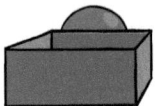

behind

dibelakang

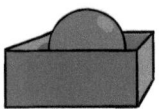

in

di

in front of

didepan

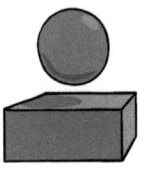

over

diatas

on

diatas

under

dibawah

beside

sebelah

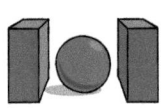

between

di antara

place

tempat